ACTION UND FUN

ABENTEUER / RATGEBER

FÜR MEINEN EHEMANN

INTRO

DU GOOGELST WIE MAN ALS KIND SPASS HAT UND ICH FANGE AN — DAS IST AUS EINER FOLGE VON BIG BANG THEORY — UND BESCHREIBT RECHT GUT WAS ES BEDEUTET, ABSOLUT KEINE AHNUNG DAVON ZU HABEN, WAS ACTION UND FUN BEDEUTET. IN DER KINDHEIT BÜCHER ÜBER KINDER ZU LESEN, DIE SPIELEN, IST DA

AUCH EIN RECHT GUTES BEISPIEL, WELCHES AUF TATSACHEN BERUHT. BESAGTE FRAU, DIE IN IHRER KINDHEIT EINEN VORLÄUFER VON ZURÜCK IN DIE ZUKUNFT GESCHRIEBEN HAT – DER 3. TEIL SPIELTE SOGAR IM WILDEN WESTEN – HAT SEIT SIE SECHS JAHRE ALT IST GESCHRIEBEN. GEDICHTE, GESCHICHTEN WIE EIN TURNSCHUH ERZÄHLT AUS

SEINEM LEBEN, DOCH IHR BERUFSWUNSCH, SCHRIFTSTELLERIN ZU WERDEN, WURDE FAMILIÄR BOYKOTTIERT, EINE ANDERE BERUFLICHE LAUFBAHN FOLGTE. DANN JAHRELANG DER GRÖSSTE FAN EINES SCHRIFTSTELLERS UND SIE KRIEGTE IHN UND JETZT SCHREIBT SIE SEIT ZWEI JAHREN, SCHREIBT, SCHREIBT, SCHREIBT.

HTTP://AMAZON.COM/AUTH

OR/TANJAFEILER. DA STEHEN DIE INFOS, IM NETZ IN DEN BROWSER MIT DEM LINK UND CLICKEN. ICH EMPFEHLE EIN NETBOOK MIT SIM INTEGRIERT — IMMER KOSTENLOSES INTERNET, OHNE KABEL, ROUTER ODER GELD. OHNE GELD DA BRAUCHEN SIE ZEIT, DA GEHT DAS INTERNET WIE IN DEN 54 K MODEMZEITEN, MIT GELD HIGHSPEED. DAS IST DIE BASIC FÜR ACTION

UND FUN — INTERNET AUF JEDEN FALL REINZUKOMMEN. DAMIT SIE WISSEN, MIT WEM SIE ES ZU TUN HABEN, GEBE ICH IHNEN INFOS ÜBER MICH, DIE ÜBER DEN CLICK AUF DAS AUTORENPROFIL (DER LINK) HINAUSGEHEN. BERUFLICH: DREI JAHRE FABRIKARBEIT, DIE MIT SCHUHEN UND SCHIMMEL ZU TUN HAT. NEBENBEI GASTHÖRERIN IN DEN BEREICHEN PHILOSOPHIE

9

UND PSYCHOLOGIE. FÜNF JAHRE FREIE MITARBEITERIN BEI EINER ZEITUNG IM KULTURBEREICH — UMFANGREICH, BERICHTE, INTERVIEWS, HALT ARTIKEL SCHREIBEN. DANN AUSBILDUNG ZUR ERGOTHERAPEUTIN. EINEN TAG NACH DEM LETZTEN TEIL DER PRÜFUNG BEGINN IN EINER SOZIALPSYCHIATRISCHEN EINRICHTUNG — 50

PRAKTIKANTEN UND
PRAKTIKANTINNEN BILDETE
ICH IN DEN SIEBEN JAHREN
DORT AUS, WAR IM
BETRIEBSRAT. BIN
AUSSERDEM NOCH IPT, WAF,
PSYCHOEDUKATIONSTHERAPE
UTIN. ÜBRIGENS: MEIN
ZEUGNIS ALS
ERGOTHERAPEUTIN IST IM
DURCHSCHNITT DIE NOTE
GUT, IM BEREICH
ANGEWANDTHE
BESCHÄFTIGUNGS UND

ARBEITSTHERAPIE SEHR GUT.
SEIT ZWEI JAHREN BIN ICH
AUSSERDEM BUCHAUTORIN.
SO JETZT WISSEN SIE MIT
WEM SIE ES BERUFLICH ZU
TUN HABEN, BEVOR DIE
ABENTEUER THERAPIE
LOSGEHT.

...ES GEHT LOS...

ACTION UND ABENTEUER THERAPIE

THERAPIE IST ALTGRIECHISCH θεραπεία THERAPEIA „DIENST, PFLEGE, HEILUNG". STEHT VOR DEM WORT THERAPIE DAS WORT ERGO, DANN HABEN SIE ES GESCHAFFT. (VON

ALTGRIECHISCH ἔργον ÉRGON „WERK“, „ARBEIT) TUN – TAT – HANDLUNG – ACTION. DIE FUN GARANTIE IST ABENTEUER. *ABENTEUER* (LAT.: ADVENTURA: „EREIGNIS“.). ABENTEUER THERAPIE, KEIN WIKIPEDIA. DAS IST GUT. DER SATZ SAGT DER SITH LORD ZU SEINEM SCHÜLER, DESSEN NAME SPÄTER DARTH VADER IST, AUS STAR WARS EPISODE III. VOR EINEM

HALBEN JAHR WURDE ICH PLÖTZLICH STAR WARS STUDENTIN ALLER EPISODEN. AUSGELÖST DURCH DAS EINFACH MAL SO HERUNTERLADEN DER EPISODE VII AUS DEM USNEXT.

ER IST GERADE FRISCH INS NETZ GEKOMMEN, DA HABE ICH IHN GELADEN MIT WENIG WISSEN ÜBER STAR WARS, ÜBERHAUPT KEIN INTERESSE. SEIT GESTERN BEFINDEN

SICH ALLE EPISODEN AUF MEINEM NETBOOK. DURCH EIN VERGESSEN EINES BACKUPS AUF DIE EXTERNE FESTPLATTE MUSSTE ICH EINIGE TEILE ERNEUT LADEN, WAS UNTER UMSTÄNDEN TROTZ FÜR EINEN MONAT BEZAHLTEN HOTSPOT DER NUR EINE FIRMA VIELE STUNDEN IN ANSPRUCH NIMMMT. DAS IST GUT PASST JEDENFALLS, DENN ABENENTEUER HEIßT

EREIGNIS. WELCHES
EREIGNIS? DA DIE
MAßNAHME ABENTEUER
THERAPIE HEISST UND
THERAPIE HEILUNG
BEINHALTET, WIRD AUCH DAS
ABENTEUER ZU EINEM
EREIGNIS, DAS GUT IST. ZU
MEINER BERUFSERFAHRUNG
GEHÖREN AUCH FÜNF JAHRE
ARBEIT ALS FREIE
MITARBEITERIN BEI EINER
ZEITUNG — BERICHTE,
INTERVIEWS IM

KULTURBEREICH.
CELEBRITIES
(BERÜHMTHEITEN) HABE ICH
EBENFALLS
KENNENGELERNT, DOCH SEIT
ZWEI JAHREN IM GRÖßEREN
STIL. ZEITUNGSARTIKEL
ZEICHNEN SICH DURCH
BEANTWORTEN VON W —
FRAGEN,
WISSENSCHAFTLICHKEIT UND
ES AUF DEN PUNKT
BRINGEN. DURCH DIE ARBEIT
IM KULTURBEREICH GEHT'S

AUCH UM FUN, ACTION, INFORMATIONEN, DIE ZU LESEN SPASS MACHEN, FORSCHEN. „WIR DENKEN NICHT WIR GOOGELN" – WAR MAL EIN SPRUCH IN EINER WERBUNG VOR EINIGER ZEIT. BEVOR ICH MICH DAZU ENTSCHLIEẞE, IM INTERNET NACH DEM WISSEN, WAS ICH WISSEN WILL ZU SUCHEN, HABE ICH DIE MÖGLICHKEIT DER ENTSCHEIDUNG. TUE ICH ES ODER NICHT? GUT,

MANCHMAL WIRD DIE ENTSCHEIDUNG AUCH EXTERN ENTSCHIEDEN, WENN DAS INTERNET NICHT IM NETZ IST. ODER MAN SICH ZUM 5 TRILLIONSTEN MAL IN DEN HOTSPOT EINWÄHLEN MUSS — MIT DEM BILD LACHENDER JUNGER LEUTE VOR AUGEN UND EINEM BÄRTIGEN MANN, DER LÄCHELND NACH UNTEN SCHAUT. FAKT IST, WENNS ZU LANGE DAUERT, WERDEN

DIE PERSONEN AUF DER
SEITE ZU FEINDEN. BEI
MEINEM NETBOOK KANN DAS
WIE SCHON ERWÄHNT NICHT
PASSIEREN, DIE SIM SORGT
IMMER NOCH FÜR 70 KB.
BEI MEINEM MANN IST DAS
SO, SEIN THINKPAD HAT
KEINE SIM. BASIC SIND
INFORMATIONEN UND
NATÜRLICH DAS BUCH
MEINES MANNES „WIR
KINDER DIESER ERDE" VON
DIRK L. FEILER. SIND DIESE

BEIDEN FAKTOREN SICHER, IST DER FAKTOR FUN ZUMINDEST ONLINE JEDERZEIT ABRUFBAR. STUFE ZWEI IST DIE FORSCHUNG, WISSEN ERSCHAFFEN UND WEITERGEBEN. HABEN SIE GEWUSST, DASS ES IM INTERNET PSYCHOLOGEN GIBT, DIE BEI PROBLEMEN HELFEN, WO ES UM DIE KOMMUNIKATION ZWISCHEN DER MITTELSCHICHT UND CELEBRITIES GEHT? ES IST

SO, FAKT IST, DASS ES DAS GELD IST, WAS TRENNT. WIE KANN IDENBIRKEN DEPRESSIV SEIN MIT MILLIONEN AUF DEM KONTO? HAT DER ÜBERHAUTPT DAS RECHT, DEPRESSIV ZU SEIN? ALSO MIR UND ICH DENKE AUCH ANDEREN FALLEN DA IMMMER DIE „KINDER IN AFRIKA" EIN. DOCH IDENBIRKEN IST AUCH EIN MENSCH, DER DAFÜR SORGT, DASS SICH

MILLIONEN AN EINEM FILM
ERFREUEN ODER HALT BEI
EINEM ANDEREN
SCHAUSPIELER. BEI MIR IST
ES INZWISCHEN
AUSSCHLIEßLICH STAR
WARS. MEIN MANN UND ICH
HABEN ZWAR EINEN
FERNSEHER, DOCH DA GEHT
NUR DER TON WAS
ZUSAMMEN MIT EINEM
EXTRATERRESTRISCHEN
RESIVER ZU KULTURRADIO
FÜHRT. ARTE, ZDF INFO,

ABER KEINE PRIVATEN. WIR
HABEN NICHT VOR UNS
EINEN FERNSEHER MIT BILD
ANZUSCHAFFEN. ZWEI
NETBOOKS, HANDYS UND
DAS EXTRATERRESTRISCHE
RADIO IST O.K. SCHREIBEN,
BEI 500 BÜCHERN IN DEN
KATEGORIEN LYRIK,
SHORTSTORYS, SACHBUCH,
KINDERBÜCHER, ROMANE,
THRILLER UND DIE CUTIES...

Tanja M. Feiler

The 4 Cuties - Freundinnen

BESONDERS DANKE ICH
MEINEM EHEMANN

29

www.ingramcontent.com/pod-product-compliance
Lightning Source LLC
Chambersburg PA
CBHW050919290526
45792CB00002B/812